AF563780

CATALOGUE

D'UNE COLLECTION

DE TABLEAUX

Des Écoles Anciennes et Modernes,

DESSINS ET GRAVURES,

Dont la Vente aura lieu

En l'Hôtel des Commissaires-Priseurs

Place de la Bourse, n° 2,

Salle n. 1, au 1er étage.

Les Mercredi 12, *Jeudi* 13 *et Vendredi* 14 *Avril* 1843, *une heure précise,*

Par le ministère de Mr DÉODOR, Commissaire-Priseur, rue Montmartre, 154.

EXPOSITION PUBLIQUE

De dix heures à une heure, le matin de chaque vacation.

1843.

DESIGNATION

DES TABLEAUX.

1. DURER (Albert). Un Calvaire (signé).
2. CARPANTERO. Paysage. Chèvres et Moutons.
3. VAN ROMEYN. Troupeau de bétail dans un paysage (signé P. Potter).
4. DROLING. Intérieur de Cuisine. Charmante réduction d'après ce maître.
5. MANS (François). Vue d'une Ville de Hollande. Tir à l'oie sur une rivière (signé).
6. BEMMEL. Paysage boisé, orné de diverses figures.
7. Du même. Paysage. Des Pêcheurs tirant leurs filets de l'eau. Pendant du précédent.
8. ARELLANO (Juan de). Bouquet de Fleurs dans un vase d'argent.

9. Du MÊME. Fleurs disposées dans un vase d'or, sur une table. Pendant du précédent. (Ces deux tableaux sont signés.)

10. DEROY. Vue extérieure d'une Ville de Hollande.

11. Du MÊME. Pendant du précédent. (Ces deux tableaux portent une signature.)

12. VALMOND. Vue intérieure de Notre-Dame de Paris. Les figures sont de M. Victor Chailly.

13. BRUYÈRE (feu Mme). Composition de Trois Figures dont le sujet ne nous est pas connu.

14. DONSELAER. Vue prise en Hollande. Effet d'hiver (signé et garanti original).

15. OSTADE (d'après ISAAC). Effet d'hiver. Esquisse.

16. Du MÊME. Vue de Hollande (id.).

17. PINART (d'après A.-V. OSTADE). La Danse.

18. Du MÊME. La Noce Flamande.

19. CHAINBAUX. Vue prise à Méry.

20. Du MÊME. Vue prise à l'Ile-Adam.

21. GREUZE. Le Bureau de Nourrices.

22. WOUVERMANS (d'après PH.). Le Bœuf gras.

23. Du même. Voyageurs au bord de la mer.

24. Du même. Le Petit Manége.

25. TENIERS (d'après D.). La Tentation de saint Antoine. Esquisse.

26. METZU (d'après Gabriel). Le Marché d'Amsterdam. Esquisse.

27. OSTADE (d'après A. V.). Le Maitre d'École. Esquisse.

28. GIROUX (d'après M.). Vue prise aux environs de Grenoble.

29. DUBOIS (M.). Entrée du Port de Gènes.

30. Du même. Vue de Normandie. (Ces deux tableaux sont signés et garantis originaux.)

31. CHAINBAUX. Paysage.

32. Du même. Pendant du précédent.

33. SWAGERS (Edouard). Vue prise sur les bords de l'Oise (signé et garanti original).

34. SCHOPIN (d'après M.). Jacob chez Laban.

35. Du même. L'Arrivée de Rebecca chez Jacob.

36. DREUX (d'après M. A. De). L'Estafette.

37. Du même. Le Postillon.

38. Du même. Miss Diana.

39. Du MÊME. Portrait de Conquérant.

40. GALL. Pâturage. Gros bétail.

41. Du MÊME. Pendant du précédent. (Ces deux tableaux sont signés et garantis originaux.)

42. BERTHIER (E.) Les Deux Savoyardes.

43. BAPTISTE. La Lanterne Magique.

44. Du MÊME. L'Aveugle du Tréport.

45. Du MÊME. Le Rémouleur en bonne fortune.

46. Du MÊME. Les Apprêts du Bal. (Ces quatre tableaux sont originaux de M. Baptiste. Garantis.)

47. HAUDEBOURT-LESCOT (Mme). Une Mère priant en faveur de son enfant malade, qu'elle tient sur ses genoux. Cette scène est poignante de vérité. Ce tableau provient de la vente de feu Mme Bruyère (garanti original).

48. VAUCHER (CONSTANT, 1798). Sujet tiré de l'Histoire romaine.

49. CHAINBAUX. Paysage de forme ovale.

50. Du MÊME. Pendant du précédent.

51. DEMAY (1832). Une Fête à la Vendange.

52. Du même. Une Fête à la Moisson. (Ces deux tableaux sont originaux, et des meilleurs de ce maître.)

53. MOZIN (Ch.). Vue de Notre-Dame et du Pont des Tournelles (signé, garanti original).

54. ROMNY (M.). Au pied d'une forteresse dominant une rivière, des villageois déchargent une voiture. Ce tableau est d'une grande finesse.

55. BRUANDET (Louis). Le Gué du Bois. Figure de Swebach-Desfontaine (garanti original).

56. RUBENS (D.) Sujet d'Histoire.

57. BOUCHER (F.). Scène pastorale gravée sous le titre : Pensent-ils aux Raisins ?

58. MALBRANCHE. Paysage. Effet de Neige.

59. Du même. Paysage. Effet d'Automne (signé, originaux garantis).

60. WOUVERMANS (d'après Ph.). Le Vin de l'Étrier.

61. Du même. La Levée d'un Camp.

62. FLAMANDE (École). La Nonchalante.

63. Du même. Pendant du précédent.

64. FLAMANDE (École). Le Boulanger.
65. Du même. Le Perroquet Chéri.
66. Id. Le Joueur de Violon.
67. Id. Le Joueur de Vielle.
68. Id. L'École du Bon Ton.
69. Id. Les Crêpes.
70. Id. Le Peseur d'Or.
71. Id. Les Joueurs de Tric-Trac.
72. Id. Le Bon Accord.
73. Id. Les Bons Vivans.
74. Id. Le Joueur de Musette.
75. TENIERS (d'après D.). Le Joueur de Mandoline.
76. (Idem). Un Fumeur.
77. (Idem). L'Education badine.
78. FRAGONARD. Le Séducteur.
79. METZU. (d'après Gabriel). Une Femme.
80. TENIERS (d'après). Les Enfans à la Vessie.
81. BRICART. Vue prise à Pontoise.
82. Du même. Pendant du précédent.
83. Id. Vue des bords de l'Oise.
84. Id. Vue prise à Mériel.

85. GREUZE (d'après). L'Accordée.

86. Du même. La Bible.

87. POUSSIN (d'après Nicolas). Apollon. Paysage.

88. Du même. Diogène, Paysage.

89. GOUASPRE - POUSSIN. Paysage avec massif d'arbres et pièce d'eau.

90. PIGOUT. Vue des environs de Naples, (signé, garanti original).

91. BOUCHER (F.). Le Mariage de Ste Catherine.

92. TAVELLI. Paysage et Animaux.

93. Du même. Paysage, Figures et Animaux.

94. BRACONY. Paysage, Animaux.

95. Du même. Paysage d'après nature.

96. DEBUCOURT. La Fille mal gardée.

97. BONNET (M.) Le Marchand de Chapelets.

98. PONCEAU (M.). Deux Paysages, environs de Paris.

99. Du même. Deux Paysages, environs de Paris.

100. BRACONY. Paysage, Vue de Normandie.

101. Du même. Pendant du précédent.

102. PONCEAU (M.). Vue prise à Montmartre.

103. Du même. Vue prise près Paris.

104. DUBOIS (M.). Les Crêpes. Intérieur.

105. Du même. Un Concert de famille.

106. FLAMANDE (Ecole). Un Chimiste dans son Laboratoire.

107. DIETRICH. Un Joueur de Violon.

108. Même Ecole. Désespoir d'Amour.

109. CHAINBAUX. Paysage d'après nature.

110. Du même. Pendant du précédent.

111. PONCEAU (M.). Paysage. Vue prise près Paris.

112. Du même. Vue de Montmartre.

113. Id. Vue prise à Saint-Cloud.

114. Id. Vue prise à Meudon.

115. GALL. Paysage, Figures et Animaux.

116. Du même. Pendant du précédent. (Ces deux tableaux sont signés et garantis originaux.)

117. DUNOUY. Vue prise du parc de Saint-Cloud.

118. DUNOUY. Vue prise dans le parc Mallet.

119. Du même. Vue d'une Cour de Ferme à Aulnay.

120. — Vue prise à Nogent-les-Vierges.

121. — Vue prise à Aulnay.

122. — Vue prise dans le parc l'Agrenée.

123. — Vue prise au Château de Secret.

124. — Vue prise à Essonne.

125. — Vue prise à Jouy. Ces études sont peintes d'après nature par (feu) DUNOUY.

126. PONCEAU (M.). Paysage (fixé).

127. Du même. Paysage fixé.

128. FLAMANDE (Ecole). La Mère de Gérard Dow.

129. DUBOIS (M.). Le Garde champêtre.

130. Du même. La Rêverie.

131. BLEY (M. Oscar). Paysage, vue de Suisse.

132. SCHOPIN (d'après M.). Départ de Rebecca.

133. Du MÊME. Ruth et Booz.

134. SCHEFFER (d'après M. ARY). La Famille du Pêcheur.

135. D'OLIVET (M. J. F.). Cache-Cache.

136. Du MÊME. Claudine.

137. HEMSKERCK (MARTIN). L'Orgie flamande, esquisse.

138. Du MÊME. Les Dégustateurs.

139. Du MÊME. Un Fumeur.

140. Du MÊME. Le Fond du Pot.

141. Du MÊME. Le Trio.

142. TENIERS (d'après D.) Saint Antoine.

143. BRICART (M.). Paysage, figures et animaux.

144. Du MÊME. Pendant du précédent.

145. Du MÊME. Vue prise à Auvert (Oise).

146. Du MÊME. Vue prise à l'île Saint-Ouen.

147. BRACANY (M.). Un Paysage.

148. Du MÊME. Pendant du précédent.

149. CHAILLY (M. VICTOR). Une Chasse au Héron.

150. BRACONY (M.). Un Paysage, vue des environs de Lauzanne.

151. BORREL (M. CH.). Entrée du Port de Boulogne, marée basse.

152. Du MÊME. Marine, côte de Normandie.

153. Du MÊME. Même motif, de plus petite dimention.

154. MURILLO (d'après). Vision de saint François.

155. MÊME. (d'après le). L'Immaculation de la Vierge.

157. CHAINBAUX (M.). Un paysage, vue prise des bords de l'Oise, effet de soleil couchant.

158. Du MÊME. Vue prise à Auvert (Oise.)

159. Du MÊME. Vue prise à Méry (Oise.)

160. Du MÊME. Vue des bords de l'Oise, effet de lune. Ces quatre tableaux, de forme ovale, sont peints sur toile et fixés sous glaces et sont garantis originaux de M. Chaimbaux.

161. DUPRÉ (M. VICTOR). Joli petit Paysage.

162. Du MÊME. Une Marine faisant pendant au précédent.

163. VANDEN-VELDE (d'après). Vue d'un Canal en Hollande, effet de soleil couchant.

164. GREUZE (d'après). Une Perte cruelle, la mort de Fifi.

165. FLAMANDE (École). La prompte Obéissance.

166. RIBERA (attribué à). Loth et ses Filles.

167. ZURBARAN. Les Disciples d'Emaüs.

168. DUPRÉ (M. Victor). Paysage d'après nature.

169. Du même. Paysage marine, pendant du précédent.

170. BOREL (M.). Paysage fixé.

171. Du même. Pendant du précédent.

172. Du même. Paysage, environs de Paris, fixé.

173. Du même. Paysage d'après nature, pendant du précédent.

174. TERBURG (d'après Gérard). La Leçon de musique.

175. DOW (d'après Gérard). La Jardinière.

176. DERBES (M.). Intérieur d'Église. (Ce tableau a fait partie de l'Exposition de 1842.

177. TESTÉ (M.). Le Petit Pêcheur (garanti original).

178. VAN-MERLE. Animaux au Pâturage (original garanti).

179. PÉDRIN. Paysage d'après nature (original).

180. PINGRET (M. Edouard). Voltaire et Mlle Duchâtelet.

181. Du même. J.-J. Rousseau chez Mme de Varennes. (Ces deux tableaux font pendans, et sont garantis originaux.

182. DEGRAILLY (M.). Deux Paysages faisant pendans (originaux).

183. BUDELOT (Ph.). Deux Paysages faisant pendans. Les figures sont de M. Demay (garantis originaux).

184. COUTURIER (M. Félix.). Deux jolis Paysages (originaux).

185. DAPRES (D.). Deux très jolis Paysages faisant pendans.

186. MICHEL. Une Marine.

187. BONNEL. Deux Paysages faisant pendans.

188. MASSON (M.). Deux Paysages.

189. DESBLANCS (M.). Deux Paysages.

190. BUISSON (M.). Deux Paysages.

191. PINGRET (d'après M. ÉDOUARD). Deux Pêcheurs.

192. CHARLET (d'après M.). Deux tableaux faisant pendans. Buveurs et Joueurs.

193. JACQUAND (D'APRÈS). Deux tableaux (Vert-Vert).

194. LAJOIE (M.). Deux tableaux. Paysages.

195. DU MÊME. Deux paysages. Figures et Animaux.

196. DU MÊME. Deux tableaux. Paysages faisant pendans.

197. GERÉ (M.). Ruines d'une Ancienne Chapelle.

198. DU MÊME. Vue prise aux environs de Joigny.

199. DU MÊME. Paysage. Effet de brouillard.

200. DU MÊME. Paysage d'après nature. Pendant du précédent.

201. DU MÊME. Deux jolis Paysages faisant pendans.

202. ZURBARAN. Saint François d'Assises (original).

203. Sous ce numéro seront vendues des bordures, des études des vieux tableaux, plusieurs lots de gravures, quelques articles de curiosité, etc.

DESSINS ET GRAVURES.

204. ECHART. Un Intérieur. Scène famillière; aquarelle.

205. Du MÊME. Des Buveurs; aquarelle.

206. LEGADBOIS. Intérieur de forêt; aquarelle.

207. Du MÊME. Paysage, animaux ; aquarelle.

208. HUET. Paysages, figures et animaux ; aquarelle.

209. Du MÊME. Paysage, le gué ; aquarelle.

210. VERNET (LOZET). Le Cuirassier entreprenant; dessin rehaussé.

211. Un Exemplaire de l'album cosmopolite.

212. DAVID. Pâris et Hélène. Dessin à la mine de plomb.

213. Du même. Belizaire. Dessin à la mine de plomb.

214. TROYON. Vue des bords de la Seine; pastel.

215. DERBÉS (M.). Dessin aquarelle (original, exposition de 1842).

216. BOTH. Paysage et figures (mine de plomb).

217. Du même. Paysage, figures et animaux (id.).

218. Du même. Paysage, (id.) (id.).

219. RUYSDAEL. Paysage, (id.) (id.).

220. BERGHEM. Paysage, (id.) (id.).

221. HACKER. Paysage, (id.) (id.).

222. VAN-DERNER. Paysage, (id.) (id.).

223. WINANTZ. Paysage, (id.) (id.).

224. BOISSIEU. Paysage, (id.) (id.).

225. PERRELLE. Paysage et animaux (id.).

226. DAVID (M. JULES). Dessin aux deux crayons.

227. TROYON (M.) Dessin au pastel.

IMPRIMERIE DE Mme DE LACOMBE,
Rue d'Enghien, 12

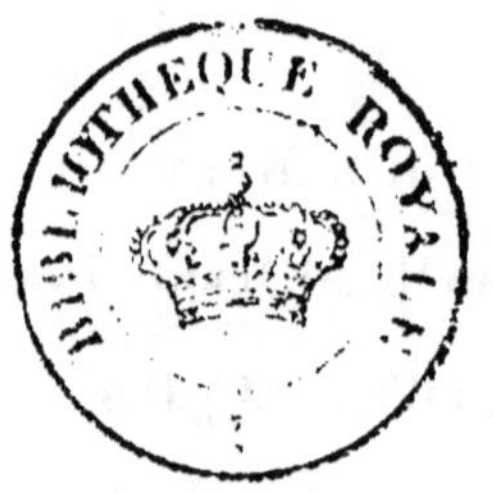
BIBLIOTHEQUE ROYALE

www.ingramcontent.com/pod-product-compliance
Lightning Source LLC
LaVergne TN
LVHW010314230826
846091LV00007B/3144

* 9 7 8 2 3 2 9 6 1 9 5 4 5 *